AF356919

NOTES ET IDÉES

SUR

L'ELECTORAT EN SÉNÉGUINÉE

(Haut-Sénégal — Sénégambie — Cazamanse

et en Afrique occidentale française

(Sénégal — Sénéniger — Guinée — Côte-d'Ivoire — Dahomey)

PAR

E. G... d'OSTREVANT

.... Le terrain est prêt, semons
le grain à toute volée !

FASCICULE Ier

Aout 1906.

...RIE DU NORD, CONDÉ-SUR-L'ESCAUT, 123-125, RUE CHAMPIONNET, PARIS.

NOTES ET IDÉES

JR L'ÉLECTORAT EN SÉNÉGUINÉE

(Haut-Sénégal — Sénégambie — Cazamanse)

t en Afrique occidentale française

(Sénégal — Séréniger — Guinée — Côte-d'Ivoire — Dahomé)

par E. G...., d'OSTREVANT

.... Le terrain est prêt, semons
le grain à toute volée !

FASCICULE Ier

AOUT 1906.

IMPRIMERIE DU NORD, CONDÉ-SUR-L'ESCAUT, 123-125, RUE CHAMPIONNET, PARIS.

Notes et Idées sur l'Electorat

EN SÉNÉGUINÉE

(OU SÉNÉGAL ET DÉPENDANCES)

et en Afrique occidentale française.

Absence de Représentation de la Sénéguinée au Sénat.

Les lois de la République n'ont pas accordé de sénateur à la colonie du Sénégal et Dépendances, fait bien regrettable mais qui laisse admettre que les possessions coloniales (1) dépourvues de représentation au Sénat pourraient, pour les affaires les concernant respectivement, s'y voir représentées par l'entrée de leur député dans cette Chambre lorsqu'il y serait traité de ces affaires. Si le pouvoir exécutif a la faculté de faire entendre des commissaires du gouvernement dans les Chambres de souveraineté, nul doute qu'il ne puisse, d'accord avec celles-ci, décider l'audition des députés dans le Sénat.

Il est donc désirable qu'une solution de cette nature intervienne pour que la vieille colonie du Sénégal soit entendue au Sénat par la voie de son mandataire actuel, au plus tôt.

Mais il est bien plus désirable qu'elle soit directement représentée dans la haute Chambre par un envoyé spécial dont la nomination appartiendrait à un collège composé comme les collèges sénatoriaux des départements de la métropole, en principe, avec cette extension nécessaire de la

---

(1) Nos colonies sont : l'Algérie, la Tunisie ; l'Afrique occidentale française ; la Guadeloupe-Martinique, la Guyane ; Saint-Pierre et Miquelon ; Obock-Djibouti ; Madagascar, la Réunion, les Comores ; la Nouvelle Calédonie, les Nouvelles Hébrides ; l'Indo-Chine ; Taïti et Dépendances. Certaines ont des sénateurs et des députés, d'autres sont privées de sénateurs ; enfin celles qui n'ont pas de députés sont nombreuses. Et pourtant il serait opportun, pratique et de bonne politique nationale et républicaine d'avoir un sénateur pour la Tunisie, un pour l'Afrique occidentale, un pour le Congo-Tchad, un pour l'Indo-Chine, un pour Madagascar ; les autres verraient leurs députés admis à discuter au Sénat. Il va sans dire qu'il nous paraît démocratique de doter d'un député St-Pierre et Miquelon, la Calédonie avec les Hébrides, Madagascar avec les Comores ; Obock-Djibouti ; Taïti et Dépendances, le Tonkin, le Congo-Tchad.

Ce serait de l'impérialisme opportun que cette institution générale de députés et de sénateurs pour toutes les Colonies. Il serait même utile de voir le globe terrestre divisé en circonscriptions dites françaises où les éléments français éliraient pour nos Chambres, dans nos consulats (vote par correspondance admis).

dévolution de la qualité d'électeur sénatorial à tous les élus locaux, savoir :

A. — Député ;

B. — Conseillers généraux ;

C. — Conseillers municipaux des communes de plein exercice ;

D. — Membres élus des Commissions municipales des communes mixtes ou indigènes ;

E. — Membres des Chambres de Commerce (le collège d'élection de ces membres est essentiellement universel, puisquetous les patentés sont élec-·teurs) et des Commissions consultatives de commerce pouvant être créées ;

F. — Suppléants du député, des conseillers généraux et des membres des administrations communales ;

G. — Anciens élus locaux : députés, conseillers généraux, conseillers et commissaires municipaux, membres des chambres de commerce, etc., ayant exercé au moins deux ans;

H. — Membres des Tribunaux de commerce et des Conseils de prud'hommes, institutions nécessaires;

Et peut-être aussi à une autre catégorie de citoyens, les suivants :

I. — Français authentiques (1) dépassant l'âge de 40 ans et ayant un séjour total de cinq années de présence effective dans la colonie et d'inscription sur une liste électorale politique du Sénégal.

Un collège semblable garantirait la diffusion nécessaire par suite du peu d'élus locaux qu'il y a au Sénégal dans les catégories métropolitaines d'électeurs sénatoriaux.

Le collège comprendrait ainsi, grosso-modo :

A. — 2 députés ;

B. — 42 conseillers généraux ;

C. — 120 conseillers municipaux ;

D. — 60 commissaires municipaux ;

---

(1) Il faut entendre par Français authentiques ceux que les travaux de la mairie de Dakar ont désigné en 1906, au sujet de l'application de la nouvelle loi sur le service militaire, en ces termes : « Les jeunes gens issus d'un français ou d'un descendant « de français et nés en 1886 dans la Métropole, aux Colonies ou à l'Etranger sont « invités à se présenter à la mairie à l'effet de faire une déclaration conforme· à « celles qu'ils sont tenus de faire par application de l'article 10 de la loi du « 21 Mars 1905 sur le recrutement de l'armée, promulguée en Afrique Occidentale « le 7 Mai suivant. »

. . . .

« Sont portés sur le tableau de recensement les jeunes gens qui sont Français en vertu du code civil et des lois sur la nationalité. »

(Mais cette limitation aux seuls descendants ou issus de Français est un peu arbitraire, car elle éloigne de notre nationalité certains éléments qui sont bien français parce qu'ils n'appartiennent plus à aucune nation indigène : mulâtres, gourmettes, fils de portugais noirs, etc .... Note de l'auteur).

E. — 100 membres de Chambre de Commerce et des Commissions
consultatives ;

F. — » décomptés dans l'ensemble ci-dessus ;

G. — 100 anciens élus ;

H. — 50 (Tribunaux de commerce et Conseils de prud'hommes);

Soit 474 électeurs. — 500 environ avec les représentants de la Colonie au Conseil supérieur de l'A. O. F.

La catégorie I indiquée à titre subsidiaire, mais très démocratique, pourrait peut-être être négligée.

Il faudrait donc qu'un projet de loi soit déposé sur le bureau des Chambres pour cette question importante de concession d'un sénateur et d'un sénateur suppléant.

La catégorie F ci-haut montre une nouvelle institution, les suppléants, nécessaires dans un pays où les corps électifs ne peuvent pas toujours se réunir faute de quorum, les élus voyageant beaucoup ou subissant les maladies inhérentes au climat.

Et, de plus, n'est-il pas à souhaiter que les membres des Chambres soient suppléés lorsqu'ils ne peuvent assister aux séances, ou qu'ils sont morts ou démissionnaires, ce qui prive les circonscriptions de leurs réprésentants durant la vacance du siège ?

« Nul n'est admis dans une administration de l'Etat, ou ne peut être investi de « fonctions publiques, mêmes électives, s'il ne justifie avoir satisfait aux obligations « imposées par la présente loi. »

« Ont l'âge d'inscription d'après la notoriété publique les jeunes gens ne pouvant « produire un extrait de l'état-civil ou un jugement constatant un âge différent.»

« Le présent avis ne concerne pas les jeunes gens des pays visés par l'article 92 « de la loi du 21 Mars sous le terme indigène — sont indigènes dans le sens de la « loi de recrutement les natifs qui n'ont aucun ascendant français ou naturalisé « français proprement dit et pour lesquels une loi ultérieure déterminera les « conditions spéciales du service militaire. »

Cette définition du français authentique est affirmée dans une circulaire subséquente de l'Administration supérieure du Sénégal.

« Je tiens à vous faire savoir qu'il y a lieu de porter sur les tableaux de recense-« ment tous les français ou naturalisés français résidant dans la colonie..... En ce « qui concerne les natifs du Sénégal, il conviendra, à moins qu'ils ne soient nés de « français authentiques, avant de les inscrire sur les tableaux, de s'assurer qu'ils « possèdent indubitablement la qualité de français avec les droits et prérogatives « y attachés. Il sera nécessaire dans ce but de rechercher si les inscrits possèdent « un état-civil et de leur réclamer toutes pièces pouvant prouver, sans conteste, « leur jouissance du statut personnel français. »

S'il en était ainsi le collège sénatorial élirait un sénateur suppléant en même temps que le titulaire.

Représentation au Parlement

En 1789 le Sénégal eut, croyons-nous, un député aux Etats-généraux. Nous manquons de données sur la composition du collège électoral qui le nomma. Il serait intéressant de le savoir pour le point de départ et le mode de dévolution et d'action des habitants et de leur élu à cette époque.

La Constitution française de 1790 a donné aux Colonies le droit à l'autonomie.

Une loi du 12 Nivôse an VI concernant l'organisation constitutionnelle des Colonies dit que « les individus noirs ou de couleur, enlevés à leur « patrie et transportés dans les colonies, ne sont point réputés étrangers ; « ils jouissent des mêmes droits qu'un individu né sur le territoire « français s'ils sont attachés à la culture, s'ils servent dans les armées, « s'ils exercent une profession ou métier » — « Tout individu convaincu « de vagabondage par un tribunal correctionnel sera privé des droits « accordés précédemment jusqu'à ce qu'il ait repris la culture ou métier « ou une profession. »

En 1848, le Gouvernement provisoire de la République décida que le Sénégal et Dépendances enverrait un député à la Chambre, *avec un suppléant*.

A cette époque, le dit Gouvernement envoya des *Instructions* pour les élections, instructions qui sont toujours applicables en tout ce qui n'est pas expressément contraire à notre régime électoral actuel de la Métropole (1). Et d'ailleurs ces instructions n'étaient pas en opposition avec des actes légaux antérieurs qui ouvraient déjà la porte de l'électorat en — 1833 — d'un électorat local et réduit, il est vrai (2), à une classe d'habitants

---

(1) Ces instructions n'ont jamais été abrogées, elles restent debout au titre de force de décret.

L'article 2 dit : « Les élections auront lieu dans le plus bref délai possible après la libération des esclaves devenus « *citoyens français* ».

Dans les esclaves il y avait bien quelques mulâtres mais tout le reste était indigène pur ou indigène venu des contrées de l'intérieur.

Un premier décret du 27 avril 1848, portant abolition de l'esclavage dit :

« Article 6. — Les colonies, purifiées de la servitude, et les possessions de l'Inde « seront représentées à l'Assemblée nationale. »

(2) L'électorat censitaire.

de notre colonie en général. Des dispositions contemporaines et ultérieures à cette date de 1848 n'ont fait que confirmer l'extension des droits d'électeur à tous les indigènes de nos possessions du Sénégal et Dépendances, et même, par suite d'incertitude sur leur état réel, à des indigènes des contrées non possédées certainement par nous, puisque l'un des articles des *Instructions* (disant que tout habitant indigène ayant cinq ans de séjour en ces possessions n'a pas à justifier de sa nationalité : il est français (1) si cela lui plaît dès qu'il a habité cinq années chez nous) n'a jamais été rapporté ni abrogé, mais il a même été expressément rappelé par le Gouverneur en 1879, 1880 et a souvent servi d'appui aux commissions municipales de révision, depuis cette dernière époque.

La propriété sénégalaise du droit à la représentation dans le Parlement fut confisquée par le second Empire. Il est de toute évidence que dès son avènement ce régime avait, en escamotant la représentation coloniale, aboli toute la législation électorale du Sénégal et Dépendances. Mais aussitôt l'inauguration de la troisième République on la vit revivre ipso-facto, si confuse qu'elle était cependant, et elle resta telle parce qu'on n'eut pas le temps et probablement pas la pensée d'en créer une nouvelle, plus adéquate aux besoins de l'ensemble des pays, à la multiplicité de leurs éléments de population et à l'état plus ou moins éloigné de leurs régimes respectifs par rapport au nôtre.

Mais voilà, la République considéra politiquement toutes nos colonies ou plutôt tous nos territoires dits coloniaux comme faits dans le même moule, et alors que ses généreuses intentions, ou plutôt le généreux égarement de quelques-uns de ses fondateurs, ne voulait voir que des français, rien que des français identiques dans toutes nos étendues coloniales, il est certain que ces intentions et cet égarement ne devaient point dépasser leur but. S'il était logique et de bonne politique républicaine de doter de la qualité de français authentique, des titres de citoyen et d'électeur *tous les habitants* majeurs de la Réunion, des Antilles et de la Guyane (2), il aurait été insensé d'attribuer, par exemple, ces mêmes privilèges aux indigènes de l'Algérie. Si le Gouvernement de la 3ᵉ République voulut, après la Cham-

<hr>

(1) Il est bien évident que si l'indigène susdit est notoirement, à plus forte raison s'il y a preuve, connu comme véritablement étranger il a beau justifier de ses cinq années de séjour, il reste étranger, (sauf le cas d'applicatiou de la loi de Nivôse an VI).

(2) N'est-ce pas toujours en vertu de la force du décret de l'Instruction de 1848 que tous ces habitants sont citoyens français et électeurs ?

On peut affirmer qu'il n'y a pas d'autres textes en leur faveur.

Son article 42 est ainsi conçu : « La présente instruction aura la même force que « le décret du 5 Mars 1848 ».

Et la Chambre des Députés ou Représentants du peuple n'a-t-elle pas validé tous les actes, ou du moins ceux dont nous traitons, du Gouvernement provisoire de 1848?

bre, que toutes ces colonies soient représentées au Parlement, il ne généralisa l'électorat que dans les premières, tandis qu'il le restreignit en Algérie aux seuls éléments français d'origine et de naturalisation. N'eut-il pas la même volonté restrictive pour l'Inde française ? Si, presque, puisqu'il y maintint une législation locale d'élections.

Le Gouvernement généralisa-t-il l'électorat au Sénégal et Dépendances pour le présent *et pour l'avenir*, c'est-à-dire décida-t-il alors par avance sur l'inconnu la concession du suffrage universel en faveur de tous les habitants quelconques de cette immense colonie d'aujourd'hui de l'A. O. F. ?

Du fait de ses dépêches ministérielles, des *actes* de certains de ses gouverneurs et de l'accueil accordé aux traditions et aux désirs, mal interprétés, mal compris, des gens du pays : **Oui**. Par gens du pays nous n'entendons pour l'époque de 1848 que les populations de St-Louis et de Gorée avec les comptoirs épars en dépendant et formant alors deux communes électorales.

Malgré cette limitation territoriale, tout originaire africain de toutes nos possessions de l'A. O. F. contre qui on ne peut opposer une qualité (1) d'étranger réel aurait maintenant la faculté d'être électeur du moment qu'il réunit les conditions métropolitaines de séjour (six mois de résidence dans une commune) et d'âge (vingt et un ans) — (ou les cinq années) ?

Voilà le fait brutal, tel qu'il résulte de la législation locale, étendue avec les agrandissements territoriaux, immenses depuis 1848, et si le gouvernement et l'administration de la colonie d'aujourd'hui veulent faire admettre que cela a lieu d'une façon illégitime, elles ne disent ni ne prouvent pas pourquoi et il est certain que les Tribunaux locaux et les Municipalités ne sont pas de leur avis, jusqu'ici, du moins sans nombreuses exceptions.

— Eh bien, à notre avis actuel, et après quatre années d'essai et d'études pratiques et assidues d'une opinion personnelle toute autre, parce que voulue d'abord et ensuite parce que assise par la force des déductions sur la dite législation locale, étendue jusqu'à l'infini, nous pensons que l'application de la législation de 1848 est faussée, exagérée, excédée. Nous pensons d'autre part que les volontés du gouvernement et de l'administration de la colonie ne sont pas fondées sur un terrain solide parce qu'elles n'ont pas fait l'objet d'actes légaux encore, mais seulement de communications impératives, nulles par leur caractère même.

---

(1) Et même des étrangers proprement dits pourraient être électeurs (Voir la loi du 12 Nivôse an VI dont extrait a été donné au debut de la rubrique : « Représentation au Parlement.) — Ceci s'explique, ces gens n'ont plus de patrie, plus de tribu, ce sont des enfants trouvés par la loi.

Le Pouvoir exécutif local s'égare dans l'horizon borné d'un régime se croyant appelé à régenter la colonie par des communications impérieuses et des ordres au lieu de la gouverner et de l'administrer par des actes de réglementation et d'application. Les tribunaux se perdent peut-être dans la doctrine en s'inspirant trop de l'idée de généralisation du suffrage universel dont on dota les habitants des colonies assimilées. Enfin les Municipalités errent respectivement dans autant de sujétions locales qu'il y a de communes de plein exercice au Sénégal.

Nous essaierons de démontrer cette nouvelle situation de notre esprit en un chapitre ultérieur.

— Bon ou défectueux, logique ou non, légal ou pas, le régime électoral actuel du Sénégal forme un ensemble d'électeurs que l'on analogie facilement, en la plupart des milieux politiques et républicains, à un collège de la métropole. Et cet ensemble envoie un député à la Chambre.

A pays spécial constitution spéciale, tel est notre principe. L'Inde française a un collège électoral parlementaire formé de diverses catégories d'électeurs. Elles n'ont rien d'anti-républicain ni de contraire aux règles de la démocratie.

Eh bien, pour le Sénégal, si nous avons indiqué quel pourrait être le collège éventuel pour l'élection d'un sénateur, nous indiquerons aussi comment pour bien représenter le pays sénégalais, tout en sauvegardant et plaçant bien haut les éléments de notre souveraineté, l'on pourrait établir des collèges électoraux qui seraient peut-être bien les meilleures bases d'élection d'un député (1) et de délégués de la colonie. Les nationalités de nos indigènes voisinent, se mêlent sans se fondre l'une dans l'autre encore et sans se souder à notre propre nation par le sang des croisements, qui sont trop rares.

Remettant à une division suivante de ce petit indicateur les données de développement de ces bases d'élection, disons de suite que le suffrage universel tempéré ou amendé au Sénégal serait limité à un faisceau territorial régionalisé, celui de 1848, et borné à quelques éléments de la

---

(1) Les Instructions du Gouvernement provisoire pour les élections dans les colonies, en exécution du décret du 5 Mars 1848, disent dans leur article :

1er « Les colonies pourront nommer des représentants suppléants au nombre de « deux pour la Martinique, deux pour la Guadeloupe, un pour la Guyane, deux « pour l'Ile de la Réunion, *un pour le Sénégal*, un pour l'Inde.

« Ils ne siègeront qu'en l'absence des titulaires et recevront, dans ce cas seul, » l'indemnité allouée à ceux-ci par le décret du 5 Mars ».

La loi électorale des 8, 28 Février et 15 Mars 1849 n'est pas abrogée au Sénégal de sorte que « les représentants envoyés des colonies reçoivent en outre l'indemnité « de passage pour l'aller et le retour ».

population, (1) tandis que les autres parties du territoire colonial et les autres éléments de population de la colonie se verraient mis en possession d'un suffrage spécial, restreint, là où cela serait utile à notre domination, qui doit être tutélaire, et nécessaire à la civilisation.

Dans l'un et l'autre, toutefois, il y aurait institution du régime de la pluralité des voix pour certains électeurs, ceux qui auraient des *capacités* universitaires ou professionnelles et ceux qui seraient chefs de famille. De plus, l'électeur français authentique, l'électeur primordial représentant et gardien de notre souveraineté nationale, aurait, outre sa voix d'électeur local, celle d'électeur métropolitain.

Conseil supérieur des Colonies

Le député du Sénégal a sa place en cette nombreuse Assemblée dont on ignore généralement les travaux, par la bonne raison qu'il ne se réunit guère, étant un rouage de façade du ministère des colonies, au lieu d'être un organe complémentaire des Chambres, quelque chose comme un Tribunat colonial où n'auraient leur tabouret que les sénateurs, députés et délégués des colonies ainsi que les ministres, les sous-secrétaires d'Etat, les membres des bureaux des Chambres, et les sénateurs et députés qui seraient au surplus désignés par ces Chambres.

Si le Conseil supérieur des Colonies était ainsi composé, le Sénégal devrait se préoccuper d'y avoir un autre mandataire que le député (et que le sénateur éventuel).

La Colonie comprenant deux groupes de territoires, l'un départementalisé en quelque sorte (dit d'administration directe) — l'autre d'une autre nature (dit à tort de protectorat plutôt que de sujétion) — il faudrait que le député reste élu par le premier groupe territorial tandis que le second élirait un délégué au Conseil supérieur des Colonies.

Rappelons ici l'institution du député suppléant prévu par l'Instruction de 1848, institution qui n'est pas contraire, peut-être bien, à l'organisation actuelle de la Chambre. En admettant cependant cette contrariété pour siéger à la Chambre, l'existence pro-légale de l'institution attesterait l'utilité d'un remplaçant permanent au Conseil supérieur des Colonies : lorsque le député titulaire serait dans sa colonie d'élection.

---

(1) Dans un arrêté du Gouverneur émis le 4 Octobre 1837 nous trouvons ce passage intéressant : « Sera considéré comme habitant indigène tout sujet français « venant des colonies françaises et ayant 10 ans de séjour au Sénégal. » — Sous la royauté l'expression *indigène* s'appliquait aux mulâtres et métis comme aux noirs.

Insuffisance de représentation au Conseil supérieur
du Gouvernement général de l'Afrique Occidentale française.

Ce Conseil d'Administration est plus spécialement composé des hauts fonctionnaires du groupe intercolonial, ce qui n'a rien de libéral ni de logique, c'est trop bien armé l'exécutif. Des militaires n'y comptent-ils pas ?

Depuis quelque temps seulement en font partie le député du Sénégal et les délégués du Conseil supérieur des colonies élus par la Guinée, la Côte-d'Ivoire, le Dahomey et le Soudan. La Mauritanie n'a point de voix d'élu encore à cet aéropage.

Il est clair que le député et les délégués ne peuvent assister aux sessions qu'autant qu'ils sont présents au chef-lieu, ce qui ne peut être que l'exception, et que de ce fait ainsi que de tout calcul possible de la part du gouvernement général, les colonies risquent de ne jamais être représentées. Il est vrai que le Président du Conseil général du Sénégal est également membre du Conseil supérieur de l'A. O. F.

Mais pour tous n'est-il pas tout indiqué la nécessité d'avoir des suppléants ? Et est-il besoin d'appuyer ici sur l'utilité du député suppléant de l'article 1er § 2 et 3 de la loi du 5 mars 1848 ?

Et en somme ne paraît-il pas qu'il serait préférable qu'il y ait, au surplus, des Conseillers spéciaux élus dans chaque colonie, toujours avec des suppléants, soit au moyen de collèges d'électeurs particuliers dont nous rattachons les genres et les espèces au régime de la pluralité des votes et aux qualités d'électeur métropolitain et local qui seront définis plus loin, soit par des élections au deuxième degré ?

En l'un de ces cas, le Sénégal, dans son état actuel, outre son sénateur éventuel et son député, serait représenté au Conseil supérieur de l'A. O. F., où légifèrent (budgets, tarifs de douanes, arrêtés-règlements) des fonctionnaires, et des officiers non électeurs votants, par plusieurs mandataires : le Président du Conseil général, un délégué élu (deuxième degré) par chaque groupe de Conseillers généraux des 1er et 2e arrondissements, un délégué nommé par les pays dits de protectorat, un délégué envoyé par la dépendance spéciale de la Cazamance, (1) enfin le député et son suppléant, (idem pour le sénateur demandé).

Il y aurait même lieu de voir si les conseillers municipaux de chaque arrondissement ne devraient pas être adjoints aux conseillers généraux pour la formation des deux collèges d'arrondissement. Un troisième collège pourrait même exister, celui des communes mixtes, et un quatrième même, celui des Chambres de commerce.

---

(1) Sénégambie-Cazamance. — Gorée le 26 Mars 1903 — Monsieur le Directeur de la Dépêche Coloniale.

J'ai suivi avec une bien vive satisfaction les progrès que semble faire l'idée déjà vieille du détachement de la Cazamance du gouvernement sénégalais, mais je vous avoue que c'est avec quelque peine que j'ai lu dans vos colonnes que le rattachement de ce district au Gouvernement de Guinée-Diallon devait naturellement s'ensuivre.

Déjà en 1892, j'ai préconisé l'autonomie administrative et financière de cette région, et, même jusqu'à un certain degré, son indépendance politique. Au moment où s'élaborait le vaste plan d'un Gouvernement général en Afrique Occidentale, cet aperçu ne fut pas, pensons-nous, étranger à la création du district de Cazamance et à sa division en deux cercles. Ce ne fut là, d'ailleurs, qu'une modification purement politique, car on ne fit rien du côté financier, et on se garda bien de faire profiter le nouveau venu des larges ressources douanières réservées jusque là au formidable appétit des gens de Saint-Louis.

Notre idée d'autonomie, et d'autonomie presque absolue, est encore celle qui nous paraît à cette heure la plus logique, la plus naturelle et la plus opportune.

Le rattachement de la Guinée-Djallon serait exactement la reproduction du non-sens actuel. Si un certain groupe de commerçants et négociants des escales de la Cazamance pétitionnent dans ce but, ils sont dans l'erreur. D'ailleurs en dehors de leurs intérêts, il y a celui de toutes les maisons du Sénégal et de bien d'autres pays encore.

De plus, le centre d'attraction géographique, politique, administratif et même commercial de la Cazamance n'est pas plus à Conakry qu'il n'est à Saint-Louis. Ce district a sa vie commerciale propre, quoique naturellement reliée aux opérations qui se font au Cap-Vert et à l'embouchure du Sénégal. Si en dehors de lui, vous voulez lui trouver un centre fructueux d'impulsion à tous les points de vue, il faut le situer à Dakar.

Là est le siège du gouvernement général qui s'étend du Sénégal au Niger, là est la capitale des gouvernements qui en dépendent ; là est le chef-lieu du gouvernement spécial dénommé Sénégambie-Niger.

Et puisque ce dernier possède un budget complexe, où l'on peut voir comme l'ébauche d'un budget intercolonial, des budgets régionaux (des pays dits de protectorats), un budget du Soudan, pourquoi ne pas lui donner également un budget de la Cazamance, comme demain il faudra le doter probablement d'un budget de la Mauritanie. Au point de vue administratif et financier, la colonie de Cazamance serait placée sous l'autorité directe du gouverneur général et de son secrétaire général avec un délégué local.

Au moment où nous écrivons, cette création amènerait d'autant moins de changements, au point de vue de la direction politique et administrative, que cette

Conseil Général

Sous ce titre, il a existé un corps collectif, (sous Louis-Philippe le libérateur colonial), élu par un collège d'électeurs dont l'extension démocratique se dessina surtout en 1847. Tout disparut dans le gouffre impérial et ce n'est qu'en l'année 1879 que la colonie du Sénégal obtint un corps électif d'ensemble nommé au suffrage universel.

En la dotant à cette époque d'un Conseil général, le Gouvernement de la République le fit de telle façon que l'autonomie sénégalaise était presqu'un fait accompli, ce qui aurait été tout à fait obtenu si le Conseil initial et les suivants avaient su gérer les affaires publiques au mieux des intérêts généraux bien entendus et d'une ambition d'extension de son rôle. Cela ne fut pas, au lieu d'un Parlement colonial on avait un Conseil de famille, a dit récemment avec acrimonie un de ses membres. Nous dirons que c'était

---

dernière serait évidemment laissée entre les mains de l'éminent secrétaire général, M. M......., qui était directeur des affaires indigènes au Sénégal, quand la Cazamance fut érigée en district.

Tout au contraire, le rattachement à la Guinée serait un bouleversement dangereux en raison de l'apprentissage à faire par l'administration de Conakry, qui ne sait rien de la Cazamance.

C'est donc pour la formation immédiate — car elle est inéluctable dans un avenir prochain — d'un département colonial nouveau enclavé dans nos larges possessions de l'Afrique occidentale que nous prêchons ici.

On pourrait le doter d'un régime douanier spécial, d'un Conseil local consultatif, de quelques embryons municipaux analogues à ceux qui existaient au Sénégal avant 1872, d'une Chambre de commerce, d'un Comité consultatif d'agriculture, d'une justice de compétence étendue. Il serait désirable qu'il fut également pourvu d'un Délégué au Conseil supérieur des Colonies, en attendant qu'avec les provinces du gouvernement général il participe, par ses centres municipaux, à l'élection d'un député et d'un sénateur communs aux groupes des possessions françaises comprises dans le quadrilatère Cap-Blanc, Tchad, Bouches-du-Niger, Océan.

En présentant les propositions et réflexions ci-incluses à votre attention éclairée, Monsieur le Directeur, je vous répéterai, comme au début de cette lettre, que ces idées sont déjà vieilles. L'un de vos correspondants africains vous les avait déjà indiquées autrefois, et en lisant avec soins vos articles des *Tablettes coloniales* et des *Questions coloniales*, j'en retrouve le premier écho à une époque où ces préoccupations étaient déjà fort opportunes.

Sous votre plume, la Cazamance a donc lancé au public colonial son premier appel à l'indépendance.

Il est bon, me semble-t-il, pour le succès de nos revendications, de faire ressortir ici que les journaux que vous avez dirigés ont toujours accueilli avec empressement les idées nouvelles qui pouvaient contribuer au développement de notre prospérité coloniale, et qu'ils les ont souvent fait triompher auprès de « qui de droit ». Puisse le facile problème de la Cazamance trouver, grâce à vous, une prompte et heureuse solution !

E. WILHELM.

un Conseil de tribu, celle que forme encore l'un des éléments de la population, de sorte que, selon les résultats, l'Etat, au lieu de réformer le système en accroissant les centres d'élection, restreignit considérablement en moins de trente ans ce qu'il avait libéralement octroyé à l'époque où la République pensait que les colonies et leurs notabilités étaient mûres pour devenir les unes des unités de confédération nationale, les autres des légiférants locaux.

Si dès sa création, le Conseil général du Sénégal avait bien compris sa mission pratique, il devenait le maître de l'expansion française en Afrique occidentale. Aujourd'hui ce n'est plus qu'un Conseil bien diminué, mais il n'est pas trop tard pour lui de reconquérir le terrain, perdu en somme au profit de l'Administration impériale qui régente le pays. C'est affaire de gestion et de transformation de l'esprit de l'Assemblée et de sa composition elle-même, ce qui amènerait un déplacement d'influence, inévitable.

Le Conseil comprend 20 conseillers élus par les électeurs des quatre communes de la colonie. St-Louis en nomme 10 et les villes de Gorée, Rufisque et Dakar 10 autres, de sorte que ces dernières, qui ont une population bien plus élevée que la première, sont véritablement sacrifiées au profit du chef-lieu de la colonie. D'autant plus que celui-ci n'est plus depuis longtemps déjà le plus fort point de région commerciale, celle de Rufisque et Dakar excédant de beaucoup en population et en chiffre d'affaires. Et St-Louis profite entièrement de la vallée du Sénégal et de sa propre banlieue, tandis que dans le 2° arrondissement le commerce comprend à son actif, en supplément, les escales de la voie ferrée, celles du Saloum et les comptoirs de la Cazamance. (1)

Il est donc frappant que le Conseil général du Sénégal ne représente plus la colonie, s'il l'a autrefois représenté par suite d'une organisation territoriale imparfaite et aussi parce qu'il avait dans ses attributions la question douanière, ce qui n'est plus depuis qu'elle s'est fondue dans la mission dévolue au Conseil supérieur de l'A. O. F.

Néanmoins la colonie, en ses territoires d'administration directe, a intérêt à ce que son Conseil général soit profondément modifié dans le sens d'une équitable répartition de ses membres entre les dits territoires, qu'on pourrait qualifier de *département*.

---

(1) L'importance de la colonie est surtout dans le Sud, c'est pourquoi l'expression *Sénégal* est devenue impropre. Le terme *Sénégambie* lui-même n'est plus de circonstance puisque la Cazamance est au Sud de la Gambie. Il faudrait dire *Sénéguinée* pour bien rendre par un mot l'étendue des pays dont nous traitons.

St-Louis, quoique restée port de la vallée du Sénégal, doit-elle conserver dix conseillers ? Poser la question après l'avoir déjà exposée ci-haut c'est amener sous la plume le seul mot décisif : non.

Le Haut-Sénégal (le retour de Kayes et de Médine au Sénégal étant chose logique) doit avoir au moins trois membres au Conseil général et la zône de Louga un autre. St-Louis étant représentée par 3 conseillers, c'est bien partagé en sa faveur puisque ces 7 unités feraient pour longtemps encore, selon toute apparence, une seule collectivité.

La voie ferrée comprend les villes de Tivaouane, N'Dande et Thiès, entr'autres. Ces trois points doivent être le siège d'autant de cantons représentés par des mandataires au Conseil.

Rufisque en aurait deux, Dakar trois, Gorée un ; les escales de la Côte et du Sine-Saloum éliraient ensemble 3 conseillers et celles de la Casamance deux.

L'effectif de 21 ainsi atteint, restons fidèle à un principe : les 21 conseillers titulaires sont doublés d'autant de suppléants.

St-Louis se plaindrait de cette répartition. Cependant elle n'est pas dolo-sive pour cette ville puisque ses enfants ont la ressource, je dirai même le bénéfice, de se faire élire jusque dans le Saloum et la Cazamance. Il est une constatation certaine, c'est que à cause du siège du Conseil général à St-Louis le 2e arrondissement ne trouve pas facilement des candidats dési-reux de se rendre en cette ville aux sessions parce qu'ils font des frais et délaissent leurs affaires. Cette anomalie durera tant que le Conseil général siègera dans le 1er arrondissement. S'il venait à siéger dans le second ceux du premier pourraient ne pas toujours être à Dakar pendant les sessions.

Les gens de St-Louis accepteront toujours le mandat de Conseiller titu-laire et il est de toute évidence qu'ils auraient de gré commun la plupart des mandats de suppléance.

Malgré cette dévolution de la fonction élective aux habitants du siège du Conseil, il y aurait quelque chose de changé : les points extrêmes et la périphérie de la colonie se sauraient représentés et leurs élus devraient très souvent les écouter, parler et agir pour eux, forcément.

C'est en une telle répartition qu'on aurait dû concevoir la création du Conseil général, parce qu'il y aurait eu coûte que coûte décentralisation légitime d'intérêts et répartition d'influences, et que pendant des années et des années le Conseil de tribu n'aurait pu délaisser les tribus voisines ou indigènes, c'est-à-dire presque toute la colonie non urbaine et tous les pays nouvellement acquis.

— Le Conseil général est élu par le même collège d'électeurs que celui élisant le député.

Mais c'est précisément en matière d'élection du Conseil général que nous pourrions voir un nouvel électorat, si le gouvernement, en reconnaissant l'indispensabilité, se prêtait à une nouvelle répartition des sièges. Du même coup, beaucoup de centres de la colonie deviendraient bureaux de vote, comme on a fait en 1879 pour Rufisque qui n'était pas commune et n'appartenait (paraît-il ?) à aucune commune.

Or, avec les procédés actuels des listes électorales ouvertes à tout venant, nous verrions celles de ces nouveaux bureaux remplies d'indigènes qui, bien certainement, ne peuvent ni ne doivent y entrer, ces individus acceptant notre domination, soit par la force des choses, soit même par intérêt, mais n'ayant aucun titre à y participer comme nous-mêmes, français authentiques. Ce sont bien des français, ces indigènes, mais d'une autre sorte que la nôtre. Nous, nous sommes d'une même nation, et eux appartiennent aux nationalités locales. Ils ne désirent pas perdre leurs nationalités respectives pour venir se fondre dans la nationalité française, primordiale. Si le mot *patrie* a pour nous une signification qui ne s'arrête pas aux frontières de notre métropole, puisque notre patrie est partout où flotte ses couleurs en maîtresse du sol, il n'en est pas de même chez un indigène de colonie : sa patrie c'est la terre où vit sa nation, vaincue ou non, soumise ou pas. L'indigène colonial a une petite patrie et nous une grande. Lorsqu'un indigène colonial veut servir celle-ci et l'adopter, ce qu'il faut faciliter et encourager, il doit se faire naturaliser. Il est intranger et étranger, tout à la fois, c'est pourquoi il faut cette naturalisation pour jouir de l'électorat au même titre que nous. Il doit donc y avoir au Sénégal des catégories dans l'électorat, ce que nous avons déjà laissé entendre, ou, plutôt, il doit y avoir plusieurs électorats (pas de suppressions mais de nouvelles créations).

Cela c'est à obtenir pour l'avenir. Pour le présent et pour demain, il serait bon que l'électorat actuel soit sévèrement mis en fonction par les Commissions de revision électorale. Nous traiterons de ce fonctionnement et de la mission de celles-ci dans un chapitre spécial.

Nous exposons ici des idées ou formulons des vœux, chaque chapitre a donc son motif propre d'être et celui-ci pourra paraître en contredire d'autres dans ce travail. Cependant ils tendent tous vers un même but : l'amendement de l'électorat sénégalais, la modification des diverses représentations, l'autonomie de la colonie pour des jours qui peuvent ne pas être lointains, si tous ceux qui ont l'âme française et le cœur sénégalais savent s'entendre, s'organiser et donner à quelques-uns d'entre eux la mission de les conduire dans les voies de l'avenir du pays et de la grandeur de la France.

Conseils d'arrondissement.

Le Sénégal a des arrondissements : St-Louis (1er) Dakar (2e); et autrefois Bakel (3e); mais celui-ci n'a jamais eu de corps électif correspondant.

A notre humble avis la colonie du Sénégal devrait comporter cinq arrondissements administratifs et politiques (ne pas confondre avec les subdivisions judiciaires) :

(4) 1er — Bas-Sénégal;

(3) 2e — Haut-Sénégal, Kayes et Médine revenant à la colonie;

(4) 3e — Cayor;

(9) 4e — Cap-Vert et Saloum;

(2) 5e — Cazamance;

(Les chiffres entre parenthèses rappellent le nombre des Conseillers généraux par arrondissement tel qu'il devrait être désormais réparti).

Est-il utile, comme dans la métropole, de fractionner les arrondissements en cantons pour composer des Conseils ad hoc ?

Nous laissons la question sans réponse avec cette simple remarque : dans la mère-patrie chaque canton à deux élus, l'un qui délibère au Conseil général, l'autre qui opine au Conseil d'arrondissement. Y a-t-il double emploi ?

Peut-être, dans le sens affirmatif, peut-être dans le sens négatif.

Deux mandataires élus à époques différentes, l'un pour un mandat d'action, l'autre pour un rôle de consultation, représentent mieux le canton par la bonne raison qu'il y a plus d'idées sous deux bonnets que sous un seul.

Au Sénégal, il n'y aura jamais trop d'élus auprès des pouvoirs publics, mais nous pensons qu'il est préférable de ne pas avoir de Conseils d'arrondissements, mais seulement des Commissions consultatives d'arrondissement, formées des conseillers généraux titulaires et suppléants, de sorte que nous aurions cinq commissions d'arrondissement sans recourir au collège électoral.

Ce serait très utile, leurs réunions précédant celles du Conseil général auraient un effet sensible sur les affaires publiques.

Le Gouvernement du Sénégal ayant la tendance continue de posséder des Délégués du Gouverneur dans les arrondissements, les Présidents des Conseils de ces subdivisions territoriales sont tout désignés pour être ces Délégués, si on leur donnait pour auxiliaire un Secrétaire.

Cette Délégation serait naturelle, démocratique; elle n'aurait en aucune façon le caractère de sous-préfecture, puisqu'on reconnaît ce rouage inutile dans la métropole, ni celui d'une mairie supérieure, rouage usurpateur par la seule force des choses.

Municipalités et Communes

Avant 1872, il y avait les deux communes, désignées depuis les *Instructions de 1848* comme chefs-lieux de vote, mais elles n'avaient pas de territoires définis ou plutôt elles embrassaient tout le Sénégal et Dépendances d'alors au point de vue électoral. Les communes, terme qui embrasse la formation territoriale et l'organe d'administration, ne datent au Sénégal que de 1872, année où l'on créa les premières, celles de St-Louis et de Gorée-Dakar. En 1880, l'on vit naître celle de Rufisque, et, en 1887, la ville de Dakar devint elle-même commune par séparation d'avec Gorée : voilà pour les communes dites de plein exercice, c'est-à-dire pour les organisations sénégalaises bénéficiaires du décret de 1872 amélioré par l'application ultérieure d'une grande partie de la loi métropolitaine du 5 Avril 1884 et de l'esprit des actes qui ont ensuite amendé cette loi dans un sens toujours plus libéral. En 1889, le département des Colonies montra même ses désirs d'accorder aux communes du Sénégal toutes les dispositions de 1884, le gouvernement local ne paraît pas avoir tenu compte jusqu'ici des vues libérales du ministre d'alors. Récemment le Conseil municipal de Dakar a réclamé la promulgation entière de cette loi de 1884 et des dispositions ultérieures prises en faveur des communes métropolitaines. (1)

Outre les communes dites de plein exercice il y a au Sénégal depuis deux ans, et grâce à l'expression d'une opinion *ad hoc* manifestée dans

---

(1) Le décret de 1872 contient une disposition assez nécessaire, c'est celle qui n'admet les indigènes dans les Conseils municipaux que s'ils savent lire et écrire. Et entendre et parler français sans doute.

Nous ne pensons pas que l'application d'une grande partie de la loi de 1884 ait infirmé cette disposition, quoique le gouvernement local ait laissé, au titre d'élus, des indigènes illettrés. Disons toutefois que très souvent ces illettrés ne l'étaient que pour la langue française, attendu qu'il y en a presque toujours eu qui étaient lettrés en arabe local.

Mais il faut être sévère, le défaut d'entente du langage français et l'ignorance de l'écriture et de la lecture du français — il faut aller jusqu'aux manuscrits de toutes mains — empêchant les conseillers municipaux indigènes d'entendre les débats du Conseil, de lire les pièces ainsi que les procès-verbaux de délibération, pour beaucoup de gens leur élection ne devrait jamais être validée, s'ils ne peuvent entendre, lire et écrire comme leurs collègues : pas besoin d'être savant bien entendu de ces gens.

Cependant chez les élus qui entendraient bien le français, puisque les pièces sont souvent lues et commentées et que les procès-verbaux et délibérations sont également lus, il faudrait être généreux, puisque tous les conseillers municipaux de France ne savent pas tous lire et écrire. Et dans cette générosité il faut se dire que le *savoir lire et écrire* ne garantit rien. Il ne prouve ni culture intellectuelle, ni maturité de réflexion, ni moralité de la vie, ni intelligence des devoirs publics, ni garantie d'esprit d'ordre, de prévoyance, de capacité politique.

quelques organes de la presse coloniale, quelques communes d'exercice restreint dites communes mixtes. C'est en vertu d'un décret bien antérieur (1891) à leur institution qu'elles ont vu le jour. Ces formations nouvelles ont ceci de particulier que leurs maires sont des fonctionnaires étroitement rattachés au gouvernement local, auxquels sont adjointes des commissions municipales dont les membres, non fonctionnaires, sont nommés par ce gouvernement. Les municipalités ainsi composées représentent celui-ci mais pas les populations, si libéral que peut-être le choix des commissaires municipaux. C'est un vice qu'une telle situation de dépendance d'une commune. Que le Maire, non fonctionnaire déjà, soit nommé par le Gouvernement et devienne momentanément fonctionnaire, avec le droit de nomination de l'adjoint ou échevin par la Commission municipale, provenant elle-même du scrutin, passe encore.

Enfin, le décret de 1891 a laissé au Gouvernement local la faculté d'instituer des communes indigènes. Il n'a pas usé de cette charge encore. Il y a pourtant quelques bourgades où l'essai pourrait être tenté, de manière à habituer les indigènes à nos formations communales.

Mais en ces communes, comme dans les communes mixtes, il est bien désirable que le Maire ne soit pas M. l'Administrateur du cercle et de la région, qui doit-être une sorte de subdélégué préfectoral, présent mais peu agissant.

Les maires de ces communes pourraient être créés agents du gouvernement, mais à la condition qu'il les prennent parmi des habitants du pays, natifs ou bien émigrés ; on encore parmi des candidats qui s'engageraient à rester dans le pays au moins dix ans, coupés de voyages de repos, il est vrai. Qu'on ne trouve pas étrange cette dernière proposition, on n'aura de véritables fonctionnaires locaux dans une colonie quelconque que du jour où il seront recrutés parmi les natifs, les émigrés (1) et les engagés. Sans

---

(1) A propos de concession de terres inoccupées aux anciens serviteurs coloniaux l'opuscule «Quelques mots sur le grand concessionnat congolais» disait déjà en 1901 : « Ici on va de nouveau arguer de l'impossibilité du peuplement de l'Afrique « brûlante par la race blanche. Il faudrait dire que cette région est rebelle à ce titre « à la *majorité* des hommes à peau blanche, mais que parmi eux il y a des exceptions si bien nées pour le séjour de ces pays qu'ils s'y trouvent inexplicablement « dans leur milieu lorsqu'ils y sont. Question de physiologie qui a ses exemples en « ces vétérans coloniaux dont toutes les fonctions et les aptitudes, ainsi que les « goûts sont incessamment tendus vers les choses et les climats coloniaux ».

Dans la brochure « Boers et Denaisiens » de 1901 également, on lit ceci : « C'est ce que devrait faire l'Etat Français : donner des terres, des semailles, des instruments aratoires, des vivres pendant un certain temps, des armes à des familles françaises, auxquelles on imposerait un contingent minimum d'enfants par foyer, celles n'en ayant pas ou peu recevraient des orphelins. Les hommes de ces familles seraient les meilleurs conquérants et défenseurs éventuels de nos colonies salubres ; Algérie, Tunisie, Hauteur du Fouta-Diallon et du Kong (Séné-Soudan), Haute-Sangha, Altitudes de Madagascar, Iles océaniques, Tonkin.

cela on a trop naturellement des fonctionnaires ambulants qui s'intéressent juste à leur résidence avec ce qui domine leur esprit, le changement désiré, attendu, prescrit. Il faut que tout fonctionnaire, voire officier, voire magistrat, d'ordre local, de mission propre au pays, devienne non pas un habitant de passage mais un habitant de domicile, d'établissement. Et dans toute colonie cela doit être ainsi, depuis les sommets des hiérarchies jusqu'à leurs bases. C'est dire que l'onéreux système des roulements entre colonies doit être condamné, car s'il fait l'affaire des fonctionnaires coloniaux actuels il ne fait pas du tout celle d'une colonie, quelle qu'elle soit.

En ayant ainsi des fonctionnaires installés à demeure, ou pour ainsi dire établis dans le pays, les collèges électoraux de tous degrés auraient plus d'électeurs aptes d'abord, et un peu plus soucieux ensuite de remplir leur devoir civique les jours de scrutin. Jusqu'ici on doit dire bien haut que nos fonctionnaires, même les plus élevés, ont l'air de désavouer tout notre système électoral, toutes nos lois de souveraineté, toute l'organisation qu'ils sont chargés d'appliquer, de contrôler ou de faire respecter, d'exemple surtout, par leur abstention presque générale de l'inscription électorale (peu s'occupent de savoir s'ils sont sur les listes électorales où les municipalités les portent souvent d'office) et leur abstention encore plus manifeste les jours de vote. (1)

Que Messieurs les Agents du pouvoir votent blanc s'ils le jugent bon, mais qu'ils votent tous. Le vote doit devenir obligatoire dans les colonies, surtout pour les représentants et les agents de la métropole.

— Avant 1872, et dès 1816 (c'est-à-dire sous le gouvernement royal absolu), il y avait au Sénégal deux municipalités sommaires, une à St-Louis et une à Gorée. Sous le règne de Louis-Philippe, elles continuèrent d'être. Aussitôt l'avènement de la seconde République, en Décembre

---

(2) Voir dans l'article 16 de l'Instruction du 27 Avril 1848, qui a force de décret, répétons-le, l'avertissement à tout électeur de se rendre au vote *ainsi que c'est son droit et son devoir*.

Pas de sanction, dira-t-on ? Il y a toujours une sanction à un devoir prescrit par le législateur, et on peut régulièrement en trouver une, matérielle, pour tout fonctionnaire qui transgresse la loi. Pour tout autre électeur et surtout pour ceux que les cartes ou billets de l'article 17 de la même instruction n'auraient pas atteints, les commissions municipales de révision, en les rayant d'office, créeraient une sorte de peine par l'obligation des formalités de réinscription. Et les faveurs gouvernementales n'allant pas aux abstentionnistes, il y aurait en cela une excellente sanction ne préjudiciant en rien au secret de vote de l'électeur.

1848, (1) paraît un arrêté qui organise ces municipalités sur un pied légal, appelé à durer jusqu'à la promulgation du décret de 1872 institutif des communes.

Ces municipalités sommaires ne comprenaient qu'un maire avec adjoints (sans Conseil municipal, sans Commission municipale), mais sous la Restauration, sous la Royauté constitutionnelle, sous le régime républicain de 1848-1852, et enfin durant la période du second Empire, ces maires et ces adjoints étaient pris *parmi les habitants du pays*. Ils devenaient en quelque sorte des fonctionnaires, c'est vrai, mais c'étaient des gens du pays y ayant famille et intérêts. Sous notre troisième République, on n'est pas si libéral ni si logique: les maires des communes mixtes sont les fonctionnaires des services inclusivement et exclusivement locaux, qui n'ont guère le souci de rester dans le pays au-delà de leur retraite ou du séjour réglementaire.

Revenons sur eux : Ou ils escomptent la mutation qui les fera changer de colonie ou de poste, ou ils attendent avec impatience le jour de la retraite ou de l'arrivée d'une prébende qui les fera quitter *ce sale pays du Sénégal*, où ils ont acquis titres, décorations, avancements, etc. ; où ils ont vécu ; où ils ont quelquefois gagné assez pour payer des dettes ou amasser un pécule qu'ils emportent ; le tout souvent mieux que des habitants natifs ou établis qui font ou feraient souche de bons français en un pays où il en faudrait le plus possible pour contrebalancer par une nation de superposition les nationalités indigènes, qui se maintiennent, se réforment sous une autre : le peuple musulman (2).

L'arrêté gouvernemental qui régularisa en 1848 le régime des municipalités sommaires n'a pas été abrogé, ni en fait ni en droit, de sorte que le

---

(1) Cette organisation remonte au règne de Louis-Philippe, c'est en effet par suite d'une dépêche ministérielle du 10 Décembre 1847 qu'elle fut étudiée et arrêtée : cependant une dépêche subséquente du 24 Mai 1848, républicaine par suite, prescrit de placer le maire de Saint Louis sous les ordres directs du Gouverneur.

(2) Qui veut la fin veut les moyens , dans le but de superposer une race franco-africaine par dessus les nationalités et peuplades indigènes de l'Afrique occidentale française, ne serait-il pas utile d'avoir un régime spécial de mariage entre l'européen et son descendant et les femmes du pays, ce régime empruntant ces modalités et formalités à la législation musulmane, au droit tiédo ou à tout autre système indigène selon l'origine de la mariée. Ce serait une association d'où la question de succession paternelle étant écartée, le mari ne devrait à la femme que ce que convenu avec constitution de dot et de patrimoine aux enfants. Le matriarçat serait institution locale, d'où l'on peut admettre le mariage plural pour l'homme qui en aurait les moyens et qui se trouverait en une autre région que celle de l'union ou des unions précédentes. Le divorce serait également institution locale.

gouvernement local, outre la faculté qu'il a de créer des communes mixtes et des communes indigènes, possède toujours la ressource d'appeler les habitants d'un centre à l'exercice du pouvoir municipal.

L'arrêté précité ne traite en aucune façon de la partie budgétaire communale, ce qui montre bien que les maires étaient jusqu'en 1872 des délégués purs et simples du gouvernement. Mais c'étaient des habitants.

Là où la question budgétaire ne permet pas encore l'institution d'une commune il est bien évident, répétons-le, que l'arrêté de Décembre 1848 autorise toujours la nomination régulière de ces délégués. Par suite le Gouvernement est armé pour instituer dans presque tous les centres de la colonie des sièges d'élection, c'est-à-dire qu'il peut les créer sections électorales et y faire établir des listes permanentes d'électeurs et occasionnellement des bureaux de vote comme cela a été fait en 1871 pour Rufisque qui n'était pas commune mais qui *au point vue électoral* dépendait du maire de Gorée (voir article 2 de l'arrêté du 14 mars 1871).

La seule limite à l'action du Gouvernement dans cette nomination de maires sans conseils ni commissions, c'est qu'il devrait les prendre parmi les électeurs de l'endroit.

Nous revenons encore sur la non sédentarité et l'absentéisme des fonctionnaires coloniaux (fonctionnaires si nombreux que leur présence permanente sur les rôles budgétaires fait apprécier notre système de domination et de colonisation comme plutôt déplorable et moins que colonisateur) pour montrer que le nombre de ces représentants du pouvoir central ne serait que profitable à l'expansion nationale, s'ils étaient ou natifs, ou émigrés, ou engagés pour de longues périodes. Que ce soit aux sommets des hiérarchies de tout ordre ou à leurs assises nous ne pouvons que rappeler le système britannique qui crée des nations anglaises dans le monde entier parce que le pouvoir local d'administration est entre les mains des gens nés dans le pays ou qui s'y sont établis. Pour mieux appuyer notre vieille opinion sur ce sujet, qui a pour base un non moins vieux esprit d'autonomie coloniale (1), ce qui ne veut pas dire indépendance ni séparation de la mère-patrie, au contraire, qu'on veuille bien comprendre de tout ceci que nous admettons comme quasi inéluctable notre besoin national d'avoir beaucoup de fonctionnaires, mais faudrait-il que nos *fonctionnaries* coloniales ne soient pas des hôtelleries administratives où le voyageur passe ou se

---

(1) En 1888 et 1889 nous défendions déjà cet esprit en correspondant avec le Directeur des *Tablettes Coloniales* qui s'inspira de notre pensée pour des articles goûtés et pour aider à l'édition de son livre « Questions coloniales ».

La *France coloniale* a eu plus récemment à insérer quelques vues conformes.

fait héberger pendant quelque temps. Il faudrait que nos administrations locales des colonies soient des ruches d'abeilles essaimeuses dans le pays.

Il faudrait que les officiers et fonctionnaires coloniaux soient des stables. Si par eux-mêmes il doit leur rester interdit de s'occuper d'affaires commerciales il ne saurait leur être défendu, pas plus que cela ne l'est en France même, de consacrer leurs loisirs — ils en ont — et même leurs veilles à des occupations d'ordre agricole, afin de doter leurs enfants locaux de situations autres que la leur.

Ainsi étant l'on ne verrait point comme généralité ce fait de constater, outre le délaissement du pays qui est un autre fait sur lequel nous nous sommes déjà prononcé, les fonctionnaires les plus rétribués placer leurs grandes économies à l'extérieur de la colonie. Si le placement se faisait toujours dans des œuvres d'expansion française, il n'y aurait que demi-mal, mais non: les économies réalisées sont placées en fonds d'Etat ou analogues français — ce qui fait dormir des deniers qui pourraient circuler — ou même placés en fonds d'Etat étrangers et dans des entreprises étrangères, purement étrangères, qui parfois font concurrence à des œuvres nationales.

Avec des fonctionnaires habitants ou émigrés cela ne se verrait guère puisqu'ils auraient tout intérêt à garder leurs économies à leur portée en les faisant valoir dans des entreprises locales.

Au surplus de cette exposition d'idées particulières puisons ce qui suit dans une étude antérieure au présent travail qui embrassera tout ce qui, de loin « ou de près, touche à l'élection, à l'électorat, à l'éligibilité, aux communes. »

« Conseils locaux ou généraux : il y a tant de choses à faire en Afrique « occidentale, pour qu'elle soit confiée aux mains des gens qui commercent, « cultivent, exploitent, et à ceux qui ont la conviction qu'il est des points, « des régions, des étendues où l'implantation européenne peut se faire » — par des croisements faits avec méthode et persévérance — « lorsqu'au lieu de « proconsulats administratifs ou de provéditorats militaires, le Gouverne- « ment de la République française voudra bien admettre que, dans les non- « prétoriens et dans les non-mandarins, il y a des natures capables de « créer, de faire, de coloniser ».

Ici il nous paraît utile d'insérer un article extrait du journal *Le Matin* de Bruxelles. Nous ne voulons pas toujours parler de nos arguments. Voyons ceux d'un autre :

Les Grands Coloniaux
« KING DICK »

Lorsque mourut subitement, il y a quelques semaines, à bord du steamer qui le ramenait d'Australie, le premier ministre de la Nouvelle-Zélande, il nous a semblé que la presse continentale ne s'était guère mise en frais pour célébrer le grand homme d'Etat des antipodes. Cependant, l'illustre Richard Seddon — familièrement connu sous le surnom de *King-Dick* (le roi Richard) — était bien l'une des plus originales et mondiales figures de l'époque ; depuis la mort de Cecil Rhodes, nul des grands Coloniaux britanniques n'était de taille à lui disputer la première place dans l'Empire. Et en ce temps où les nations d'Europe consacrent aux problèmes coloniaux une attention si fervente, Dick Seddon méritait davantage que les quelques lignes du câblogramme qui répandit à travers le monde la nouvelle de sa mort inopinée, en pleine force, la soixantaine à peine franchie, à l'apogée de son étonnante carrière.

Attachante et singulière physionomie que celle de ce Démocrate Impérial, produit-type d'une contrée entre toutes fascinante et riche. La Nouvelle-Zélande ! Ce n'est pas à tort que son climat admirable, son pittoresque paysage, ses Alpes, ses forêts, ses mines, ses herbages, ses glaciers, ses fjords, la réunion sur un point du globe de toutes les beautés des autres terres, lui ont valu d'être appelée la Merveille de l'Empire britannique. Très à part du continent australien, elle est égale en dimension à la Grande-Bretagne. Ce n'est pas sans raison non plus que cette terre australe, découverte au milieu du XVIIe siècle par le Hollandais Tasman et colonisée depuis quatre-vingts ans par les Anglais, hante l'imagination. Car la nature et l'humanité y accumulent les surprises.

*
* *

C'est sur la côte occidentale de l'île du Sud, où l'or venait d'être découvert, qu'en 1876, le fils d'un pauvre maître d'école et d'une pieuse méthodiste du Lancashire débarquait pour tenter, comme d'autres, la merveilleuse aventure. Presque enfant, il avait quitté l'Angleterre pour chercher fortune en Australie. Au camp des chercheurs d'or de Kumara, ce fut l'apprentissage de la vie ardente, aventureuse et rude. Doué d'instincts pratiques, le jeune Seddon ouvrit bientôt un cabaret-épicerie, et trois ans après son arrivée, il allait représenter au parlement de Wellington le district sauvage, incomplètement exploré, où il avait débuté et dont les frustes électeurs devaient jusqu'à la fin lui demeurer enthousiastement fidèles. En 1891, il faisait partie du cabinet néo-zélandais comme ministre des Mines ; et ce ne fut pas sans surprise ni scepticisme que la colonie, deux ans plus tard, vit l'ancien chercheur d'or, l'ex-mastroquet, que rien jusqu'ici n'avait désigné à l'attention, promu à la dignité de premier ministre. King Dick inaugurait sa véritable carrière.

Depuis la conférence des « Premiers » Coloniaux, réunie à Londres en 1902 et où il tint le premier rôle, Richard Seddon était une figure populaire abondamment encensée, blaguée, portraiturée. De massive encolure, fort, sanguin, remuant, — sans que son épaisseur l'empêchât de se prouver étonnamment actif et mobile, — il s'imposait physiquement. Grand faiseur de discours, travailleur omnivore, lutteur, organisateur, metteur en œuvre, d'un bout à l'autre du pays, son domaine, on le voyait, on l'entendait. Pourvu, à son entrée dans la vie active, de la seule instruction rudimentaire des enfants pauvres, il n'avait jamais eu par la suite le loisir de la compléter : ses brevets uniques, il les tenait des faits et de l'expérience. Son verbe abrupt, pittoresque, cognant dur, terre-à-terre, audacieux, verveux, imagé, inélégant, émaillé de provincialismes, allait au cœur des juvéniles entendements coloniaux, plus soucieux de couleur que d'atticisme, et, dans les meetings en plein air, il était sûr de la victoire. S'il trouvait devant lui, pour le combattre, un parti conservateur que sa témérité effrayait, le « roi Dick » possédait l'affection passionnée des foules conquises par sa personnalité éclectique.

** **

On ne saurait entrer ici dans le détail de la carrière politique de Richard Seddon, ni énumérer les mémorables lois qu'il prépara et fit voter — au nombre de deux cents — en douze ans d'effort tenace pour faire avancer son pays dans les voies nouvelles. On sait que cette législation incroyablement audacieuse a transformé la Nouvelle-Zélande en terre élue des expériences sociales. En cette portion du globe, le travail a véritablement été mis au pinacle de la Société, dont toutes les forces s'unissent pour son service et sa défense. Bien que Seddon ait eu des prédécesseurs et des collaborateurs dans cette œuvre d'avant-garde, son nom à peu près seul symbolise le zèle législatif de la colonie. D'une activité et d'un appétit de travail gigantesque, le premier ministre prétendait s'occuper de tout en personne. S'assimilant toute matière, d'un coup d'œil prompt il jugeait et décidait. Tous les domaines semblaient le sien et le plus minime détail requérait son attention et son étude. Il voulait toute la besogne pour lui comme d'autres se réservent une joie totale. Tel un artiste devant son œuvre, jaloux de la parfaire amoureusement, il semblait considérer comme sien ce coin d'Australie qu'il a marqué du sceau de son génie, et où son prestige était énorme. En tournées constantes à travers le pays,

sans négliger pour cela son travail de cabinet, il avait été momentanément terrassé, il y a deux ans, par suite de surmenage.

Ce fut cette tendance de l'autoritaire tribun à tout absorber et à patron-
ner ses semblables qui lui fit décerner ce surnom de King Dick, sous
lequel on le désignait couramment. En fait, ce premier ministre de la plus
radicale démocratie du globe semblait gouverner comme un véritable sou-
verain. De ses ennemis politiques — nous rappelle un de ces récents bio-
graphes — ce volontaire disait avec une fierté tranquille : «Laissez-les
donc, ils mordent du granit. » Ses déplacements ressemblaient à ceux d'un
monarque. Partisan à tous crins de l'idée Impériale — la Fédération de
l'Angleterre et de ses colonies — il prétendait donner des conseils à la
métropole, et ne craignait pas de morigéner la tiédeur des hommes d'Etat
de Downing street, en leur faisant entendre les vœux de la démocratie
coloniale. Fréquemment, ce zèle intempestif et ces allures, jugées indis-
crètes, attirèrent, outre les quolibets, des accusations de vanité et de
vulgarité à ce roitelet d'Australie, sans culture classique et qui avait été
cabaretier. Les fils de famille sortis d'Oxford et orgueilleux de leurs titres
ne pouvaient entendre sans impatience ni dédain ce Provincial et ce
Plébéien leur parler en maître de leurs devoirs envers l'Empire. Pourtant,
le prince de Galles l'appelait son ami, et à Saint-Paul un service commé-
moratif fut célébré lorsqu'il mourut.

King Dick était une force qui agit, en face de la culture qui raisonne et
de la tradition qui résiste. Plus radical que les radicaux les plus détermi-
nés d'Angleterre et d'une toute autre nuance, ceux-ci l'ont en général
méconnu. Réaliste avant tout, sans idéal au sens coutumier du mot, ce
Démocrate Impérial administrait un peu sa colonie comme un négociant son
comptoir, avec un admirable sens pratique et une compréhension aiguë
des nécessités du présent. Nulle rhétorique, nulle vaticination n'enténé-
braient le socialisme que son initiative fit passer dans la loi. La Nouvelle-
Zélande, qu'il laisse en pleine prospérité, lui devra, en grande partie, le
magnifique rôle futur qu'on peut dès à présent lui pressentir, vers les
temps où par toute la terre un idéal nouveau s'épandra, faisant succéder
l'accord à la lutte des classes, la concurrence économique aux conflits
sanglants et surannés. King Dick, en dépit de ses « faiblesses » de ses limi-
tations et de ce qu'on pourrait appeler la platitude de ses aspirations,
apparaît comme le représentant d'une humanité jeune, hardie, libérée d'un
monde de préjugés, renouvelée au contact des terres vierges et définitive-
ment orientée vers le futur.

*
* *

Richard Seddon ne fut pas seulement un grand homme d'Etat britannique. Il appartient aussi à l'humanité. Pour nous, il demeure comme un mémorable exemple de surabondante énergie réalisatrice, en face de nos « professeurs d'énergie », flasques et maigrelets. Au point de vue spécialement colonial, qui ne serait frappé de l'éclatante leçon que contiennent la vie et l'œuvre d'un Seddon ? Que nos lamentables ruches à fonctionnaires, décorées du nom de colonies, — véritables lieux de débarras où l'on case les incapables de la métropole, au lieu d'être des réservoirs d'humanité jeune pour le futur, ce qui est leur seule raison d'être — puissent jamais s'égaler à une Nouvelle-Zélande, je n'ose l'augurer. Mais du moins ne pourrions-nous pas, en propageant le récit de l'existence et des travaux d'un tel homme, éveiller chez nos jeunes gens — les fils d'ouvriers, d'agriculteurs, de marchands — le goût du départ vers les El Dorados où l'effort intelligent reçoit son juste salaire, où la vie se revêt de neuves significations, où des horizons illimités remplacent le mur de l'usine, la rangée des pupitres dans le bureau ou la haie enserrant la ferme exiguë ? Au lieu de « discuter » colonies à perte de vue — non sans élégance ni sagacité d'ailleurs — il serait peut-être plus fécond et plus urgent d'en « faire ».

Chez nous, ce sont ces King Dick qui manquent. Et les King Dick sont nécessaires.   Léon BAZALGETTE.

— M. Bazalgette commet une grave erreur d'appréciation dans cet article. Il parle de nos « lamentables ruches à fonctionnaires, décorées du du nom « de colonies » — Nous protestons, la ruche fait des essaims, ce que précisément nos abeilles-fonctionnaires ne font pas, ce que nous demandons qu'ils soient amenés à faire par l'établissement sur place. Jusqu'ici nos fonctionnaires, en général, sont des passants.

Où nous tombons d'accord avec l'auteur de l'article qui précède, c'est lorsqu'il parle de nos « professeurs d'énergie flasques et maigrelets », gens d'école et de bureau métropolitain que la faveur, l'intrigue, le bagou ont poussé et poussent aux sommets de la hiérarchie coloniale, de sorte qu'on voit arriver gouverneur même des individus, comblés de la cote d'amour, qui étant en France se sont faits, des questions coloniales les plus graves, une spécialité professionnelle théorique qu'il ne faut toucher ni juger. Mieux vaudrait juger les actes du Président de la République.

*
* *

Cependant leur science et leur savoir équivalent à ceux du Monsieur, étranger à l'art, qui l'apprend et pérore ou discute sur les tableaux et statues d'un Musée ou d'un salon d'après les seuls articles de journaux ou les critiques professionnels ou occasionels (ou même les auteurs eux-mêmes ou leurs amis) rendent compte de leurs impressions — pas toujours justes ni sensées — ou pontifient en des sentences quelconques.

Ces gouverneurs n'ayant jamais vu au préalable les colonies, ni même une colonie, sont devenus de grands coloniaux parce qu'ils ont appris à l'être d'après les écrits et les récits, impressions personnelles pas toujours d'accord entr'elles, loin de là, des explorateurs, des voyageurs, des...... etc... etc....

Or, pour bien juger d'une chose, d'un tableau, par exemple, il faut plutôt l'avoir vu que d'en avoir entendu parler. Pour faire un peintre, il faut avoir appris à l'être, au chevalet et avec le pinceau et les couleurs et non dans un livre ou dans une conférence.

Jusqu'ici on n'a guère vu bombarder «peintre» un monsieur qui a appris à l'être en lisant, en écoutant ou en parlant. Personne n'oserait même qualifier de peinturier le moindre barbouilleur.

On peut être bombardé gouverneur d'emblée (1). Il est vrai qu'il y a des gens qui naissent rois, sans diplôme ni métier. Il est peu de rois qui ne seraient que de vulgaires humains, s'ils ne savaient s'effacer ou si l'on ne faisait leur besogne. Ceci fait il ne leur reste plus qu'à paraître, qu'à parader, qu'à jacasser à propos et hors de propos. De même pour certains gouverneurs dont le plus calé est toujours celui qui s'occupe plus de police que d'administration : on gouverne avec ses aptitudes.

Aussi laissons cela pourtant bien utile à dire et reprenons notre première citation au point où elle est restée, à savoir qu'il y a en dehors des fonctionnaires « des natures capables de créer, de faire, de coloniser ».

« Ce n'est pas dans une organisation bureaucratique, ce n'est pas
« davantage dans une aristocratisation de fonctionnaires ambulants, et
« ce n'est pas non plus, dans l'égoïste statocratie qu'on ira jamais
« chercher les origines du peuple canadien, français, ni celles des nations
« boëres. Et si les Antilles ont toutes le sceau franc, l'empreinte gallo-franque,

---

(1) Cette critique des gouverneurs-nés ne doit pas laisser penser que nous ne sommes pas admirateurs d'autres, sortis des rangs coloniaux les plus modestes Dans une brochure éditée en 1901 nous disions : « J'ai l'honneur de connaître » assez personnellement M. le Gouverneur R... et je puis avancer qu'il appartient » à cette phalange de hauts administrateurs coloniaux, aussi modestes que glorieux, » ennemie du fla-fla et du tam tam, qui compte aujourd'hui dans ses premiers » rangs MM. le Gouverneur B. et le Gouverneur C.— Dans cette élite de conquérants » civils — je dis bien conquérants, car ils gagnent à notre drapeau les cœurs et les » âmes des naturels d'Afrique, outre des territoires acquis pacifiquement... » — *Soudan français : Conditionnement des colis d'Avitaillement et de Ravitaillement.*

« cela n'est certainement pas dû à l'influence des gens d'épée ni de
« bureaumaine, mais bien à ces cadets de noblesse, à ces bons bourgeois avides
« du seigneuriat, à des *engagés* assoiffés de gains, ou, mieux, de liberté,
« que la francisation doit le plus.

« En dehors du gouverneur, qu'il soit général, principal ou ordinaire, et
« d'un groupe de sous-gouverneurs répartis un peu partout dans un pays
« colonial, le pouvoir doit être aux mains de ceux qui produisent, qui
« créent, qui exploitent, qui *vitalisent* un lieu, une zône, une région.

« Les municipalités remplaceront toujours et avantageusement les
« commandatures militaires ou civiles.

« Et, du jour où vous permettez à quelques commerçants, à quelques
« agriculteurs ou planteurs, à quelques pionniers civils, de s'occuper des
« affaires publiques là où ils habitent, vous les faites s'attacher au pays, au
« clocher, au beffroi, si dans les colonies on peut employer ces termes-ci.

« De passagers qu'ils sont, vous en faites des sédentaires, et, que l'on
« soit tranquille, ces gens ne se feront pas mousser pour paraître, pour être
« des explorateurs, des coureurs de brousses, des découvreurs, des conqué-
« rants. Ils feront des affaires et des enfants ; leur sang passera dans celui
« de la race du pays, et cela vaudra mieux que de voir celui-ci répandu
« par la guerre ou obligé de se refuser à la transfusion, et, par conséquent,
« rester un sang hostile.

« Et vous aurez ces sédentaires, ces gens de beffroi, Consuls, lorsque
« vous cesserez de créer des fonctionnaires ambulants et quand vous
« décréterez que le colon commerçant ou planteur peut, à ses heures de
« loisir ou de sacrifice, tel le paysan de Bretagne ou de Bourgogne, être
« jugé apte à administrer les affaires publiques de son lieu d'habitation, de
« sa région, et de sa nouvelle patrie.

« Et, avec ces sédentaires, seraient-ils deux seulement en un village ou
« en un bourg, vous ébaucherez et créerez ensuite les *communes* ; vous
« consacrerez l'électorat, vous reconnaîtrez l'électeur français.

« Si quelques régisseurs administratifs y perdent assez de leur impor-
« tance, en ce moment là ; si quelques porteurs d'épée s'y croient diminués,
« dans ce régime, peu importe, vous aurez créé, vivifié, colonisé. »

Cela a été écrit et publié en 1902, sans succès, hélas !

Chambres de commerce

Le Sénégal en possède quatre, à Saint Louis, à Gorée, à Rufisque, à
Dakar.

Saint Louis et Dakar ont chacune 9 membres, Rufisque 7 et Gorée 5, ce qui donne un total de 30.

Si l'on veut se souvenir qu'au début de ce travail nous avons fait état des compagnies au titre électoral, sous la catégorie **E** (*Absence de la représentation de la colonie au sénat*) c'est donc un chiffre de 30 plus 30 suppléants, soit 60 électeurs sénatoriaux que le commerce fournirait directement.

Il devrait même être quelque peu accru de ce fait que si certains centres ne sont pas assez développés pour avoir des chambres de commerce ils devraient être dotés de Commissions consultatives de commerce, ce qui donnerait un nouvel effectif d'électeurs sénatoriaux.

Leur entrée en jeu ne serait pas extraordinaire, il y a des pays, en effet, où il existe des collèges spéciaux, soit du commerce, soit de l'industrie, soit du travail, ce qui nous amène à ajouter que si la Colonie était dotée de Conseils de prud'hommes nous devrions aussi les voir électeurs sénatoriaux, toujours pour compenser localement et *par des élus* la faiblesse d'effectif du collège sénatorial, s'il n'était composé que de catégories d'électeurs de la métropole.

Les Chambres de commerce sont élues par un collège formé de tous les patentés et licencés *d'une ville*. Ces chambres n'ont pas d'autre étendue territoriale que celle des communes. Est-ce un bien ?

Il est bon que tous les patentés et licencés soient électeurs commerciaux mais il y a lieu de faire ressortir que jusqu'ici les commissions de révision des listes ne se sont pas préoccupées d'établir, en ce qui concerne les indigènes, une distinction entre ceux originaires des communes ou des territoires d'administration directe de la Colonie et ceux natifs de ses pays de protectorat. Elles n'ont pas davantage recherché si les postulants n'étaient pas d'une colonie sœur limitrophe.

Tout patenté, qu'il soit maure, sarcacolé du Niger, soussou du Fouta-Diallon, etc., etc., est inscrit. On ne s'occupe du titre *étranger* que pour exclure des listes les originaires des colonies étrangères voisines notoirement connus comme tels. Le gouvernement local, qui a tenté constamment de restreindre le ressort territorial de l'électorat politique et administratif, n'a jamais fait d'observation sur l'inscription commerciale généralisée à toute l'Afrique Occidentale française. Et encore, n'est-il pas probable que dans les listes ont figuré ou figurent des originaires du Gabon ou du Congo ?

En cette matière nous ne croyons pas qu'il y ait lieu d'établir une distinction entre commerçants français authentiques et commerçants français de second ordre, mais nous posons ici aussi le principe du suffrage plural selon la graduation des patentes et des licences, chaque classe augmentant d'une demi-voix l'unité de voix conférée par la classe la moins élevée, par exemple.

Les listes électorales ainsi dressées il n'y aurait pas lieu de distinguer les sexes des commerçants, de sorte que les femmes seraient électrices, ce qui est de toute logique, mais chaque patentée aurait la faculté de déléguer un homme, fut-il déjà inscrit personnellement, pour la représenter à chaque scrutin ou en permanence.

Il y a dans l'accession à la fonction de membre de Chambre de commerce une singularité à signaler : un commerçant doit être patenté depuis cinq ans, tandis qu'un fondé de procuration d'une maison ou société peut être élu sans condition de temps professionnel ou de mandataire. On a vu ainsi un commerçant européen non éligible, quoique patron depuis plusieurs années, mais en passant sa procuration à un commis de comptoir novice dans le commerce, celui-ci était éligible !

Les Chambres de Commerce ne représentent pas seulement les intérêts marchands d'une localité ou d'une région, ils doivent aussi représenter l'expérience et la pratique commerciales. Il serait peut-être bon d'ouvrir la porte de l'électorat des compagnies à tous les français ayant exercé du commerce ou de l'industrie pendant un certain nombre d'années en France ou à l'étranger, comme patrons, chefs ou gérants de maison ou de société.

Nous verrions ainsi dans les collèges commerciaux quelques fonctionnaires anciens marchands mais où serait le mal !

A titre documentaire sur le suffrage des femmes dont nous sommes partisans soit qu'elles l'exercent personnellement, soit qu'elles le délèguent, soit que par le mariage l'époux détienne sa voix, voici un article de journal nous tombant sous la main :

La Vie dans le Nord avant la Révolution

Le Referendum

Le referendum, que certaines politiques préconisent aujourd'hui, n'est pas une nouveauté ; il existait avant la Révolution dans nos provinces du Nord.

Le nom différait : on l'appelait *l'assemblée de paroisse*, *l'aveu de communauté* ou bien les *plaids généraux*, et le résultat de la consultation populaire était soumis au contrôle de l'autorité supérieure, c'est-à-dire de l'intendant.

Dans les circonstances solennelles, le corps municipal prenait l'avis de tous les habitants émancipés, *y compris les femmes et les veuves*. Ils avaient à approuver ou bien à rejeter, par oui ou non, les propositions émanant du mayeur et des échevins.

Par exemple, disaient ceux-ci, nous avons obtenu du seigneur la suppression de tel droit moyennant une rente annuelle de dix livres. Nous sommes tous d'accord au Conseil. Acceptez-vous notre manière de voir ?

C'était le mayeur qui, quatre dimanches consécutifs, se plaçait à la sortie de la messe sous le porche de l'église et tenait ce langage. L'on discutait, les opposants donnaient leurs raisons et l'on passait au vote, le plus souvent à mains levées.

*
* *

En voici un premier exemple inédit reposant dans les archives de Sains-du-Nord :

Une difficulté était pendante en 1788 entre le meunier de l'endroit, d'une part, la municipalité de l'autre.

Celle-ci expose que la contestation est survenue au sujet d'un étang attenant au moulin. Une trentaine d'années auparavant, un autre meunier a considérablement agrandi la nappe d'eau et la digue ; il s'est arrondi au détriment de la communauté, propriétaire des terrains adjacents qui étaient alors incultes et sans valeur.

Or, le prix des terres s'étant élevé, les magistrats de Sains ont jugé bon de revendiquer les droits de leurs administrés, et le meunier Mandron, afin d'éviter un procès, a proposé un arrangement amiable : il aurait la jouissance des biens dont s'est emparé son prédécesseur, laisserait la digue à la commune et paierait une rente annuelle de 18 livres, rachetable par 200 livres.

Telles étaient, en somme, les bases de l'accord pris par les deux parties, sous réserve de l'approbation des gens de l'endroit, qui se prononcèrent le 6 janvier 1788.

La proposition fut adoptée et le procès-verbal rédigé à cet effet est suivi de la signature ou de la marque de tous les votants. *Parmi les noms de femmes*, assez nombreux, citons :

Marie-Thérèse Tribout, Marie-Célestine Fosset, Catherine-Joseph Lécrinier, Barbe-Thérèse Hiroux.

Cette convention fut ratifiée par l'intendant du Hainaut, Senac.

Or, l'unanimité était nécessaire pour que le vote fût valable. Il suffisait d'un seul électeur jetant une note discordante pour que la proposition faite restât en suspens. Ce droit de *veto* était exorbitant. Les droits des minorités sont aujourd'hui méconnus et sacrifiés. Alors ils étaient trop bien garantis, et à cause de cet obstacle le referendum n'était pas d'un usage très courant : concevez-vous un vote où tous pensent de même et prononcent selon leur conscience !

Lorsqu'une proposition était rejetée par l'aveu de communauté, elle était bien enterrée. Acceptée par la majorité, mais avec l'opposition de quelques-uns, l'autorité supérieure, c'est-à-dire le roi ou l'intendant provincial, tranchait la difficulté.

Il en était ainsi théoriquement. En réalité, un procès s'engageait ou la question restait pendante.

Les archives de Sains-du-Nord renferment un autre exemple de referendum municipal qui prouve que cette institution avait déjà fonctionné dans l'endroit.

*
* *

En 1652, les habitants, ruinés par la guerre, étaient menacés de l'incendie de leurs maisons s'ils ne payaient pas une imposition de 80 pistoles imposée par les Français.

La commune étant criblée de dettes, pour sortir de cette fâcheuse situation, la municipalité a proposé aux manants de vendre 20 rasières de biens, afin de réaliser l'argent exigé. Ceux-ci ont répondu affirmativement, et le 29 mai 1652, Charles-Albert de Longueval, grand bailli de Hainaut, approuva la décision prise.

A Hautmont et à Boussières (canton de Berlaimont), quelques semaines avant l'ouverture des Etats-Généraux de 1789, le couvent accorde à la municipalité la suppression du droit de morte-main, moyennant une rente annuelle de 36 livres pour Hautmont, 12 pour Boussières. Cette convention fut soumise à l'approbation d'une assemblée de paroisse qui eut lieu le 12 mars.

Veuves et filles émancipées votent comme les représentants du sexe laid, et tous les avis sont unanimes pour ratifier l'arrangement pris.

Un épisode des guerres des Pays-Bas, qui mérite d'être raconté, donne un curieux exemple de « referendum » à Villers-sire-Nicole (canton de Maubeuge).

Des soldats français avaient fait prisonniers le mayeur et deux échevins de cette commune et les tenaient enfermés au Quesnoy. Ils ne voulaient les relâcher que moyennant douze cents florins, faute de quoi ils brûleraient le village.

Dans l'impossibilité d'emprunter la somme et d'asseoir d'autres impôts sur les malheureux manants, le curé et les échevins restés libres proposèrent de mettre les cloches paroissiales au Mont-de-Piété de Mons, cela sous condition qu'elles seraient dégagées et rependues aussitôt que possible. Un aveu de communauté, où figurent *une dizaine de femmes*, approuva cet exode de cloches chez *ma tante* ou bien *au Lombard*, comme on disait alors (1646).

En 1761, une assemblée de paroisse d'Hasnon, près de Valenciennes, repousse une proposition de l'abbaye qui demande à mettre en culture certains marais, mais elle l'autorise à en défricher d'autres : on voit que la coutume était bien générale.

*
* *

Pour le contrôle du budget communal, le referendum existait aussi, mais dans des conditions différentes : chaque résident paroissien avait le droit d'assister aux débats, de protester quand il trouvait la gérance mauvaise, de proposer le rejet total des comptes ou la ratification d'un article.

Les bonnes gens se prononçaient encore le dimanche à la sortie de la messe. L'unanimité n'était point nécessaire en ce cas, la majorité suffisait. Sans quoi c'eût été l'anarchie administrative et le désordre sans remède.

Quelle est l'origine de cette institution qu'on cherche à ressusciter et qui fournirait *un bon argument historique aux femmes* qui revendiquent des droits politiques ? Elle existait déjà au Moyen-Age, et nous en reconnaissons les germes, peu définis mais incontestables, non seulement dans les coutumes générales de nos provinces, mais aussi dans les chartes municipales octroyées à nos ancêtres par leur seigneur.

Faut-il rappeler que les gardes champêtres devaient être élus et assermentés par le mayeur, les échevins et la saine population de chaque endroit ? Qui plus est, à Anor, le curé était choisi et nommé par tous les habitants, c'est-à-dire par une véritable assemblée de paroisse.

R. MINON.

Tribunaux de Commerce

Il n'y en a pas encore dans la colonie.

Conseil de prud'hommes

Il n'y en a pas encore non plus.

XI. — L'électorat indigène déplaît aux Gouvernements qui président actuellement aux destinées du Sénégal et Dépendances.

Le Gouvernement colonial a tout tenté depuis quelques années pour *faire supprimer* la jouissance et l'exercice des droits politiques par les indigènes.

Il est facile de s'en rendre compte en consultant les registres des décisions des Commissions municipales de revision électorale et d'autres actes publics des autorités.

Ce n'est pas tout à fait sous le règne des Gouverneurs actuels du Sénégal que la question est née, mais elle y a reçu toute son ampleur, à tel point que si l'opposition tenace de quelques esprits n'y avait pas mis obstacle, car ils ont toujours vu clair dans les vues gouvernementales et administratives, nous aurions eu, après l'amoindrissement du rôle du Conseil général (qui est un fait acquis au profit du pouvoir régnant), non seulement la suppression de l'électorat à tous les indigènes, mais fort probablement aussi à tous les natifs, français authentiques ou inauthentiques (cette dernière catégorie comprend forcément tous les mulâtres descendants des garnisonniers anglais d'il y a un siècle, descendants dont certains ont occupé ou occupent encore de hautes situations dans l'armée et dans l'Administration ; le défenseur de Médine a été un français inauthentique).

Il n'est pas bien sûr que les européens n'eussent pas été circonvenus si bien dans leurs droits, que le gouvernement local aurait pu composer le collège législatif et le Conseil général tout à fait à sa guise : la population européenne comprend surtout des fonctionnaires.

Quant à l'œuvre municipale elle aurait compté pour mémoire puisque la suppression des municipalités du Sénégal a été sérieusement projetée dans les bureaux gouvernementaux, nous allions dire royaux avec plus de justesse.

Nous savons bien que devant l'impossibilité d'amorcer et de réussir l'affaire il y a eu volte-face chez les suppresseurs, comme il y aura probablement volte-face un de ces quatre matins pour l'électorat indigène. Nous verrons certainement alors les régents blancs de Gorée et de Saint-Louis crier sur tous les toits qu'il n'ont jamais voulu supprimer les citoyens mulâtres et noirs, bien au contraire, nous les verrons être les plus libéraux du pays, mais ils ne pardonneront pas aux citoyens qui leur ont fait rater leurs pistolets cosaques.

C'est absolument comme pour les terres des indigènes, on peut avancer sans crainte que n'ayant pu réussir dans leurs fréquentes tentatives de spoliation et dans leur système de domanialiser toute l'Afrique Occidentale française, ils finiront (ces messieurs du gouvernement colonial) par jurer qu'on les a calomniés et ils diront bien haut, après d'autres et après nous les non-gouvernants, que la terre appartient à celui qui la cultive. C'est la thèse soutenue par les honnêtes gens depuis longtemps; en attendant qu'elle soit appliquée, tous les biens des rois indigènes, supprimés sans droit, ceux de leurs entourages, ceux de leurs familles, de leurs héritiers, sont sous un sequestre irrégulier ou sont domanialisés, ou concédés, ou confiés à des gens qui n'y ont pas droit, par l'Administration.

Attendons vingt ans au plus, les nouvelles générations des pays situés entre le Sénégal et la Guinée se seront ressaisies et tous les monuments de réglementation édictés depuis cinq ans pour russifier l'Afrique Occidentale ne seront plus que des sujets d'étonnement pour les penseurs : mais l'Afrique Occidentale française sera redevenue colonie de la République et pays de France, auxquel elle aura coûté cher en argent et en souci, « en attendant ».

Nous nous réservons de démontrer plus loin, dans la deuxième partie de ce travail, par des documents officiels, que l'autorité gouvernementale du Sénégal, sans doute inspirée par l'autocratie supérieure, a dénié le droit de l'électorat pour tous les indigènes, pour tous les sénégalais en un mot. Et nous pourrons montrer que l'insuccès gouvernemental est dû à la résistance de toute droiture de quelques esprits, qui craignaient la suppression de tout électorat.

On a beau faire, on a beau dire, on a beau écrire dans les sphères officielles, y élaborer tous discours d'admiration continue, y combiner tous plans, l'avenir s'ouvre en Afrique occidentale française en dépit de toutes les résistances, de toutes les inerties, de toutes les supercheries : demain elle aura toutes les institutions qui lui reviennent et le régime libéral qu'elles y apporteront ne sera pas l'œuvre des dépositaires actuels des pouvoirs de la République.

Elle sera celle des forces sociales, immanentes partout où flotte le drapeau français, qui après avoir sauvé la Métropole des dangers monarchiques et cléricaux politiques, sauveront ainsi ses colonies de leur bureaucratie russe et de ses prébendiers résidents de passage et d'attente :

Les colonies doivent être à leurs habitants, et aux commerçants qui les vitalisent !